Armin Täubner

Herbstlich-filigran

Einteilige Fenster- und Wandbilder

frechverlag

Von Armin Täubner sind im frechverlag viele weitere Bücher erschienen. Hier eine kleine Auswahl:

TOPP 2641

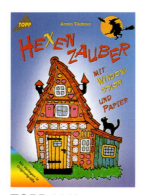

TOPP 2643

TOPP 2366

TOPP 2606

TOPP 2361

TOPP 2525

Fotos: frechverlag GmbH + Co. Druck KG, 70499 Stuttgart; Fotostudio Täubner

Dieses Buch enthält: 2 Vorlagenbogen

Materialangaben und Arbeitshinweise in diesem Buch wurden von dem Autor und den Mitarbeitern des Verlags sorgfältig geprüft. Eine Garantie wird jedoch nicht übernommen. Autor und Verlag können für eventuell auftretende Fehler oder Schäden nicht haftbar gemacht werden. Das Werk und die darin gezeigten Modelle sind urheberrechtlich geschützt. Die Vervielfältigung und Verbreitung ist, außer für private, nicht kommerzielle Zwecke, untersagt und wird zivil- und strafrechtlich verfolgt. Dies gilt insbesondere für eine Verbreitung des Werkes durch Film, Funk und Fernsehen, Fotokopien oder Videoaufzeichnungen sowie für eine gewerbliche Nutzung der gezeigten Modelle.

Auflage: 5. 4. 3. 2. 1. | Letzte Zahlen
Jahr: 2004 2003 2002 2001 2000 | maßgebend

© 2000

ISBN 3-7724-2640-9 · Best.-Nr. 2640

frechverlag GmbH + Co. Druck KG, 70499 Stuttgart
Druck: frechverlag GmbH + Co. Druck KG, 70499 Stuttgart

Jedes Jahr begeistert uns aufs Neue die Farbenpracht des Herbstes. Es sind dabei vor allem die Farbkombinationen aus Grün, Braun, Gelb und Rot, die uns trotz der allmählich sinkenden Temperaturen in ihren Bann ziehen und uns immer wieder hinaus in die Natur locken.

Die Stimmung, die uns in der herbstlichen Natur geboten wird, fangen die einteiligen Fenster- und Wandbilder dieses Buches ein: Besinnliches, aber auch Lustiges. Einzelne Figuren, aber auch ganze Szenen. Alle Motive können Sie einfarbig aus Tonkarton oder mehrfarbig aus Regenbogen-Fotokarton arbeiten.

Lassen Sie sich von den farbenfrohen und lustigen Drachen zu eigenen kreativen Höhenflügen animieren – trübe Herbststimmung ade!

In vier Schritten zum herbstlich-filigranen Fenster- und Wandbild

1. Pausen Sie das Motiv mit Bleistift auf Transparentpapier (Architektenpapier) ab. Zum Zeichnen von Kreisen bzw. geraden Linien verwenden Sie am besten zusätzlich Zirkel und Lineal. Das Transparentpapier kleben Sie nach dem Abpausen auf dünnen Karton.

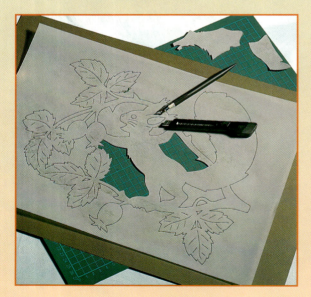

2. Im nächsten Schritt schneiden Sie das Motiv mit dem Cutter (Bastelmesser) aus. Achten Sie dabei auf eine geeignete Schneideunterlage. Für enge Kurvenschnitte und für das Herausschneiden der Augen eignet sich am besten ein Grafikermesser, denn dessen Klinge ist schmäler als die des Cutters. Kleine Löcher werden sauber mit der Lochzange ausgestanzt. Das ausgeschnittene Motiv ist Ihre Schablone.

3. Legen Sie nun die Schablone auf den Tonkarton (DIN A3) in der gewünschten Farbe und ziehen Sie die Konturen mit Bleistift nach.

Tipp für ganz Eilige:

Sie können den zweiten Schritt auch überspringen, indem Sie das Transparentpapier mit dem abgepausten Motiv mithilfe des Tackers direkt auf den farbigen Karton heften und die Konturen mit einem leeren Kugelschreiber kräftig nachziehen. Die Umrisse drücken sich deutlich in den Karton ein.

4. Jetzt können Sie das Motiv ausschneiden. Beginnen Sie mit den kleinen Flächen. Es folgen die größeren Flächen und zuletzt die Außenkontur.

Bär Friedbert schuftet schwer

Motiv: 35 cm x 27 cm

Das Auge unseres hungrigen Bären Friedbert stanzen Sie am besten mit einer Lochzange aus. Die Holzmaserung der Schubkarre können Sie mit kurzen Cutterschnitten andeuten.

Apfelzweig
mit zwei kleinen Schnecken

Motiv: ø 30 cm

Das kleine Kreuz in der Mitte der Schablone zeigt die Einstichstelle für den Zirkel an. Damit die Äpfel plastisch wirken, schneiden Sie feine, gebogene Linien in die Früchte. Die Augen der Schnecken werden mit der Lochzange eingezwickt.

Piepmatz bei der Birnenmahlzeit

Motiv: ø 30 cm

Ein kleines Kreuz in der Motivmitte markiert die Einstichstelle für den Zirkel.

Das Auge des Piepmatzes stechen Sie mithilfe der Lochzange aus.

Treffen bei den Pilzen

Motiv: 38 cm x 30 cm

Unsere zwei kleinen Schnecken haben sich bei den Pilzen verabredet. Damit die Blätter, die Pilze und die Schneckenhäuser plastisch wirken, verbreitern Sie die vorgezeichneten Schnittlinien. Für die Schneckenaugen verwenden Sie eine Lochzange.

Eichhörnchen auf Futtersuche

Motiv: 35 cm x 28 cm

Das Auge des Eichhörnchens ist so groß, dass Sie nicht mit der Lochzange arbeiten können. Verwenden Sie stattdessen ein Grafikermesser, denn dieses hat eine spitzere Klinge als der Cutter. Bis auf die Barthaare werden sämtliche Schnittlinien verbreitert.

Süße Trauben für die Stare

Motiv: 35 cm x 29 cm

Stanzen Sie die Starenaugen mit der Lochzange aus. Die Schnittlinien werden mit dem Cutter etwas verbreitert.

Ein schwerer Leckerbissen

Motiv: 38 cm x 24 cm

Um die Tragebänder (gepunktete Flächen) besser vom Kürbis abzugrenzen, werden kleine Löcher eingestochen. Der Ast, an dem der Kürbis hängt, erhält seine Maserung durch kurze Längsschnitte.

Fröhliche Vogelscheuche

Motiv: 33 cm x 45 cm

Sind die Vogelaugen mit der Lochzange ausgestanzt, werden in das Hutband und in den Kragenausschnitt der Vogelscheuche kleine Löcher eingestochen. Die Maserung des Holzes arbeiten Sie mit kurzen Cutterschnitten heraus.

Rabe Fritz auf Genusstour

Motiv: 27 cm x 25 cm

Wenn Sie das Motiv ausgeschnitten haben, verbreitern Sie die Schnittlinien an den Blättern und am Gefieder.

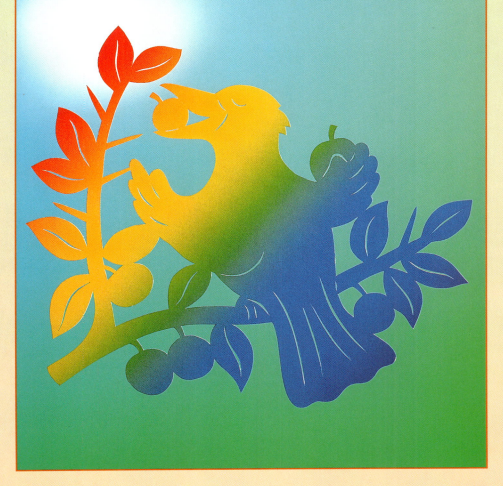

Herbstzeit – Erntezeit

Motiv: 36 cm x 23 cm

In die Birne und den mit Pünktchen markierten Pilzhut stechen Sie kleine Löcher ein. Gebogene Schnitte unterschiedlicher Länge unterstreichen die Rundungen von Kürbis und Apfel. Für die Augen von Hamster und Schnecke verwenden Sie am besten eine Lochzange.

Katze trifft Drachen

Motiv: ø 33 cm

Wenn Sie das Motiv abpausen, achten Sie auf das kleine Kreuz in der Mitte. Es markiert die Einstichstelle für den Zirkel. Verbreitern Sie die Schnittlinien an den Blättern, damit das Motiv seinen luftigen Charakter erhält.

Der ist ja größer als ich!

Motiv: 36 cm x 20 cm

Bis auf die Barthaare werden bei diesem Motiv sämtliche Schnittlinien verbreitert.

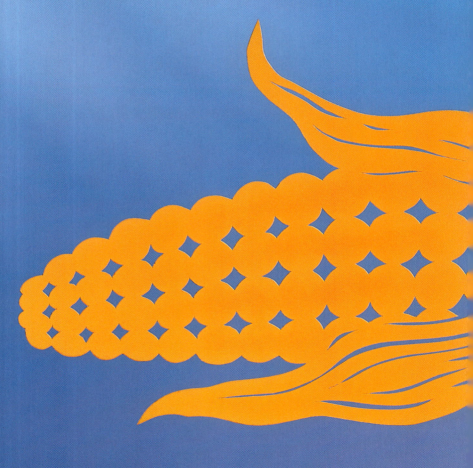

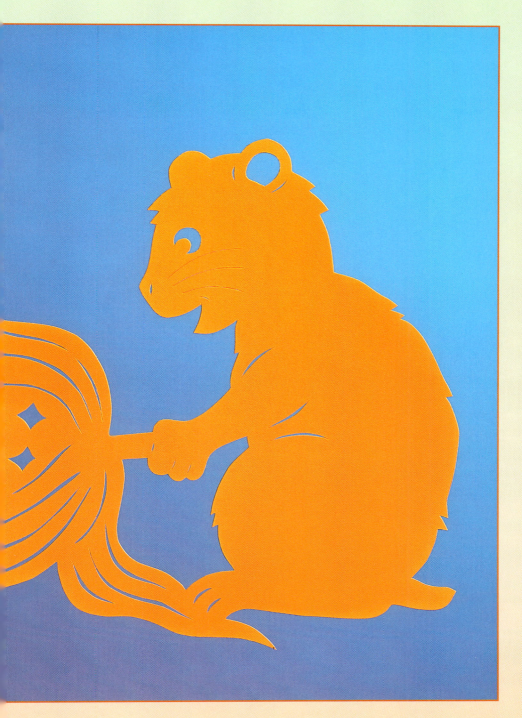

Lebhaftes Treiben im Obstgarten

Motiv: 40 cm x 29 cm

Mit kurzen Schnitten erhalten die Bäume, die Obstkiste und der Nistkasten ihre Holzmaserung. In den Sack und den Igelkopf stechen Sie dagegen kleine Löcher. Für die Tieraugen können Sie eine Lochzange verwenden.

So lecker war's selten!

Motiv: 15 cm x 19 cm

Verbreitern Sie bis auf die drei Barthaare des Hamsters sämtliche Schnittlinien, sodass sich die Arme und Beine gut vom Körper abheben.

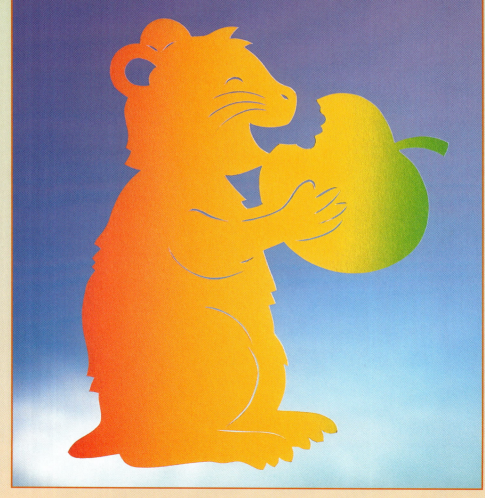

Proviant für die Wanderung

Motiv: 34 cm x 27 cm

Arbeiten Sie das Stachelkleid des Igels heraus, indem Sie die Schnittlinien etwas verbreitern. Den Körper versehen Sie mit kleinen eingestochenen Punkten. Auf die gleiche Weise arbeiten Sie die Rundungen bei Apfel und Birne heraus.

Wer hat Angst vor Kürbisgeistern?

Motiv: 36 cm x 29 cm

Stanzen Sie die Augen der Krähen und das der Katze mit der Lochzange aus. Für die Holzmaserung des Stammes und der Äste ziehen Sie mit dem Cutter kurze Schnitte.

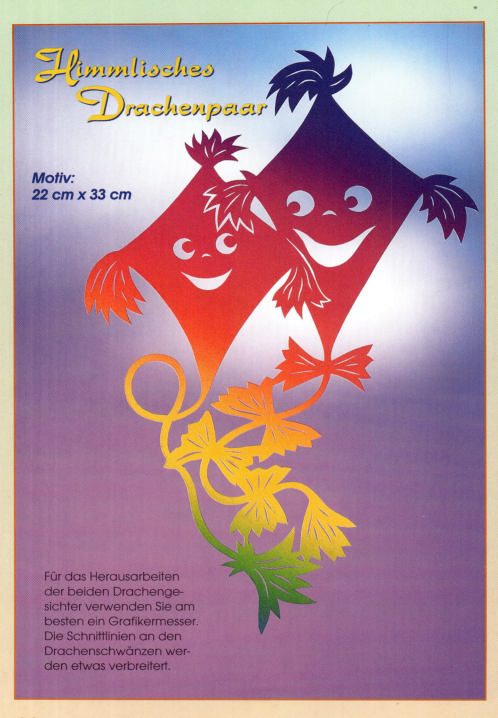